JOHN STRELECKY

Was nützt der schönste Ausblick, wenn du nicht aus dem Fenster schaust

Aus dem Englischen
von Bettina Lemke

Mit Illustrationen
von Root Leeb

dtv

Ausführliche Informationen über
unsere Autoren und Bücher
www.dtv.de

Von John Strelecky sind bei dtv außerdem lieferbar:
Wenn du Orangen willst, such nicht im Blaubeerfeld
Das Café am Rande der Welt
Wiedersehen im Café am Rande der Welt
The Big Five for Life
Das Leben gestalten mit den Big Five for Life
Safari des Lebens
Reich und glücklich! (zusammen mit Tim Brownson)

MIX
Papier aus verantwortungsvollen Quellen
FSC www.fsc.org FSC® C014889

Deutsche Erstausgabe 2017

Titel der amerikanischen Originalausgabe:
Ahas! Moments of Inspired Thought
Deutschsprachige Ausgabe:

Satz: Lisa Jüngst, im Verlag
Gesetzt aus der Avenir
Repro und Druckdatenerstellung: Fotosatz Amann, Memmingen
Druck und Bindung: Friedrich Pustet, Regensburg
Gedruckt auf säurefreiem, chlorfrei gebleichtem Papier
Printed in Germany · ISBN 978-3-423-28122-5

EINE BOTSCHAFT DES AUTORS

Willkommen! Sie sind gerade in die Welt der Aha-Momente eingetreten. Dies ist das zweite Buch dieser Reihe, und ich freue mich riesig darüber, dass das Buch und Sie sich gefunden haben.

Im Laufe der Jahre gab es viele Momente, in denen eine einzelne Erkenntnis oder eine neue Perspektive mein Leben für immer positiv verändert haben. Diese Momente haben für mich einen unschätzbaren Wert. Ohne sie würde ich die Welt völlig anders sehen und erleben.

Für mich bedeutet es eine große Auszeichnung, Ihnen mithilfe der Bücher einige dieser Aha-Erlebnisse zu vermitteln. Ich hoffe, sie haben eine ebenso starke Wirkung auf Ihr Leben wie auf meines.

Während Sie diese Seiten lesen, werden Sie feststellen, dass die Bücher über die Aha-Momente eine besondere Erfahrung ermöglichen. Es gibt – bezogen auf das Buch als Ganzes – keinen Anfang, keinen Mittelteil und keinen Schluss. Stattdessen hat jede Seite oder eine Abfolge mehrerer Seiten ihren eigenen Anfang, Mittelteil und Schluss voller inspirierender Gedanken, Vorstellungen und Ideen.

Auf diese Weise bieten sich Ihnen als Leser einige wunderbare Möglichkeiten. Dazu gehört unter anderem auch, dass Sie sich stets mit einigen lebensverändernden Inspirationen beschenken können, egal ob Sie eine Stunde Zeit zum Lesen haben oder nur ein paar Minuten.

Machen Sie sich das bewusst und schlagen Sie dann bitte irgendeine Seite auf, die Sie anspricht, um *Ihr* Abenteuer mit den Aha-Momenten zu beginnen.

John

Wenn ich mir ein paar Minuten lang eine Weltkarte ansehe, erinnert mich das sofort an all die wunderbaren Abenteuer, die darauf warten, von mir erlebt zu werden.
Werde ich in einem Einbaum durch den üppigen Amazonasdschungel fahren? Auf den riesigen Wellen vor der Küste Hawaiis surfen? Durch antike Städte und Ruinen in Marokko wandeln?
Jemand tut diese und Tausende andere Dinge in diesem Moment. Das könnte ich sein.

MÖGLICHERWEISE BIN ICH NOCH
NICHT DER MENSCH, DER ICH
GERNE SEIN MÖCHTE. ABER
DIESER MENSCH WERDE ICH NIE
SEIN, WENN ICH JETZT AUFGEBE.

Neulich Abend ist mir etwas sehr Wichtiges bewusst geworden. Das, womit ich mich in den letzten 30 Minuten vor dem Zubettgehen beschäftige, bestimmt meine Lebensqualität in den darauffolgenden acht Stunden.

Diese acht Stunden pro Nacht summieren sich insgesamt auf ein Drittel meiner Existenz.

Das heißt, meine Erfahrung in etwa 24 Jahren meines Lebens hängt davon ab, was ich unmittelbar vor dem Zubettgehen tue. Lasse ich mich von negativen Nachrichten vereinnahmen? Mache ich mir Sorgen über meine Zukunft? Sehe ich mir etwas im Fernsehen an, das mich zum Lachen bringt? Lese ich etwas Inspirierendes? Höre ich beruhigende Musik?

Diese Erkenntnis hat die Art und Weise, wie ich jeden Abend die letzten 30 Minuten verbringe, entscheidend verändert.

Das Leben macht mir viel mehr Spaß, wenn ich mein Posteingangsfach selbst kontrolliere, anstatt mich davon kontrollieren zu lassen. Eine Weile lang ließ ich mein Verhalten durch die Anfragen und Bitten anderer Menschen steuern. Anstatt mir nach dem Aufwachen zu überlegen: »Was *möchte* ich heute tun?«, fragte ich mich angesichts all der Anliegen: »Was *muss* ich heute tun?«

Sobald ich diese Fragestellung änderte, veränderte sich alles. Ich fing an, für mich selbst zu leben. Die Welt ging nicht unter. Unternehmen fielen nicht auseinander, das Leben anderer endete nicht in einer Katastrophe …
Ich wurde einfach viel glücklicher.

ICH BESCHLIEẞE,
MINDESTENS GENAUSO
FEST AN MICH SELBST
ZU GLAUBEN, WIE DIE
MENSCHEN, DIE MICH
LIEBEN.

Irgendwo gibt es eine Antwort auf jedes meiner Probleme, eine Lösung für jedes Dilemma und jede Herausforderung, der ich mich gegenübersehe. Jemand kennt sie. Irgendjemand hat bereits den Drachen getötet, der Feuer auf mich speit, hat den vor mir aufragenden Gipfel erklommen, das Schlachtfeld überlebt, auf dem ich mich befinde ...

Ich muss diese Menschen lediglich ausfindig machen, in Erfahrung bringen, was sie getan haben, und es ihnen gleichtun. Die Antwort liegt dort draußen.

Es hat keinen Sinn, Zeit darauf zu verwenden, sich auf Gespräche vorzubereiten, die nie stattfinden werden. Vor Kurzem habe ich in Gedanken eine Erfahrung erneut durchlebt, die über ein Jahrzehnt zurückliegt. Mein damaliger Chef war ein richtiger Idiot und an jenem Tag war er besonders unausstehlich.

Ich weiß nicht, warum, aber aus irgendeinem Grund spielte ich die damalige Situation beim Autofahren immer wieder aufs Neue im Geist durch. Ich dachte darüber nach, was ich hätte sagen und wie ich mich hätte verhalten sollen.

Nachdem ich meine Entgegnungen und Reaktionen etwa 20 Minuten lang perfektioniert hatte, hielt ich inne. »Was soll das eigentlich?«, fragte ich mich. »Dieser Moment von damals ist seit Langem vorbei. Und das Gespräch, an dem ich die ganze Zeit herumfeile, wird nie stattfinden.«

Ich beschloss, mir ein Mantra einfallen zu lassen und ein Ziel zu formulieren. Das Mantra ist ein einfacher, positiver, stärkender Satz über mein Leben. Die Zielformulierung beschreibt etwas, auf das ich enthusiastisch hinarbeite, so als wäre es bereits wahr.

Seit diesem Tag konzentriere ich mich jedes Mal auf das Mantra und die Zielbeschreibung, wenn ich mal wieder dabei bin, mich gedanklich auf Gespräche vorzubereiten, die nie stattfinden werden. Ich kann nicht mit Sicherheit sagen, ob es mir hilft, dem Leben näherzukommen, das ich mir wünsche, aber es geht mir viel besser damit.

DER SCHNELLSTE LÄUFER DER WELT IST NICHT EINES MORGENS AUFGEWACHT, UM MAL EBEN EINEN NEUEN WELTREKORD AUFZUSTELLEN, OHNE JE ZUVOR AN WETTKÄMPFEN TEILGENOMMEN ZU HABEN. UM DAS ZU ERREICHEN, SIND ZEIT, TRAINING, EINE GUTE BERATUNG UND AUSDAUER ERFORDERLICH. DAS GLEICHE GILT FÜR JEDES VORHABEN IM LEBEN.

Seit vier Tagen bin ich so krank, dass ich nicht aufstehen kann. Mein Kopf pocht beim leisesten Geräusch. Mein Körper schmerzt bei der kleinsten Bewegung.
All die »wichtigen« Dinge, die mich in den letzten zwei Wochen gestresst haben, kommen mir jetzt sehr unwichtig vor. Ich möchte nur in der Lage sein, mich ohne Schmerzen im Bett aufzusetzen.
Es ist verblüffend, wie schnell eine neue Perspektive entstehen kann.

WENN ICH NICHT AUFPASSE,
KONZENTRIERE ICH MICH ZU STARK AUF
DIE ZUKUNFT UND VERGESSE DABEI,
DASS DAS LEBEN IN WIRKLICHKEIT
EINE GROẞE ANSAMMLUNG VON
JETZT-MOMENTEN IST.

Egal wie wenig es mir auch so erscheinen mag: für meine Realität bin ich stets selbst verantwortlich.
Wenn ich etwas verändern möchte, kann ich es verändern.
Ich bin der Meister meines eigenen Schicksals. Ich bin der Kapitän meines eigenen Schiffs. Und ich lege den Kurs nach meinem Belieben fest – immer.

MANCHMAL SIND DIE ANTWORTEN AUF MEINE FRAGEN IN MEINEM HERZEN ZU FINDEN. ICH VERGESSE LEDIGLICH, DORTHIN ZU SEHEN.

Wenn ich nicht aufpasse, begebe ich mich auf meiner Suche nach Freiheit einfach nur in ein anderes Gefängnis, das häufig noch mehr einengt. Ich habe eine Denkweise entwickelt, derzufolge ich frei sein werde, sobald ich eine bestimmte Menge Geld besitze. Doch je mehr ich verdiene, desto mehr Sorgen mache ich mir. Um das zu kompensieren, erhöhe ich den benötigten Betrag. Ich hoffe, dass die Sorgen verschwinden werden, sobald ich diesen Betrag beisammenhabe.
Doch die Sorgen lösen sich nicht auf. Ich stecke in einem endlosen Kreislauf fest. Ich bin auf der Suche nach

Freiheit, und gleichzeitig hält der Prozess des Suchens mich gefangen.

Der einzige Weg zur Freiheit besteht wohl darin, aus diesem Zyklus auszubrechen. Irgendwie Freiheit in meinem Alltag zu finden, um dem Ziel gemäß zu leben, anstatt es ständig zu suchen. Wie wäre es, wenn ich einen Job hätte, der mir gefällt? Wie wäre es, meine Freizeit mit Dingen zu verbringen, die mir Spaß machen? Vielleicht würde ich dann nicht diese überbordende Sehnsucht verspüren auszubrechen.

Der einzige mir zur Verfügung stehende Moment ist der gegenwärtige. Das ist tatsächlich so. Selbst die großartigsten Erfahrungen meines Lebens verblassen sehr schnell in meinem Gedächtnis. Ein Jahr später sind sie in gewisser Weise erinnerungswürdig. Fünf Jahre danach sind sie irgendwie verschwommen. Nach zehn Jahren sind diese großartigen Erlebnisse nicht mehr als ein schwaches Flüstern irgendwo in meinem Gedächtnis – wenn sie überhaupt noch existieren.

Daher geht es wahrlich um das Jetzt. Darum, vollkommen im Moment aufzugehen, da dieser Moment nun mal der bestmögliche und intensivste ist.

Fotos oder Filme können mir zwar helfen, mich an etwas zu erinnern, aber sie können die Erinnerung nicht substanzieller machen. Die Tiefe dieser Erfahrung basiert lediglich darauf, wie intensiv sie im Moment des Erlebens selbst war.

SOLANGE WIR UNS NICHT ANDERS ENTSCHEIDEN, BASIEREN DIE MEISTEN UNSERER ÜBERZEUGUNGEN DARAUF, WIE JEMAND ANDERER DIE REALITÄT WAHRNIMMT.

ICH WERDE HEUTE IM LEBEN EINES ANDEREN MENSCHEN ETWAS BEWIRKEN. ICH WERDE JEMANDEN ANLÄCHELN, IHM EIN UNERWARTETES KOMPLIMENT MACHEN, EINFACH SO NETT ZU IHM SEIN … IMMER WENN ICH SO ETWAS TUE, VERÄNDERT ES AUCH MICH.

Ich wohne gerade als Gast in einer Blockhütte. Gestern musste ich mitten in der Nacht auf die Toilette. Es war stockdunkel, aber ich wollte kein Licht machen, um niemanden aufzuwecken. Also bewegte ich mich zentimeterweise auf dem Holzboden vorwärts, um die Betten herum und die Stufe zum Bad hinauf.

Die Unsicherheit verwirrte mich und war nervenaufreibend. Ich konnte mich nicht genau entsinnen, welche Möbel mir im Weg standen. Ich streckte meine Arme aus, aber natürlich konnten sich einige Dinge auch eine Etage tiefer befinden. Ich erinnerte mich an eine Lampe in der Nähe.

Aber wo war sie? Ich wollte sie ausfindig machen, um nicht darüber zu stolpern, aber es gelang mir nicht. Immer wenn ich meine Hände zu weit nach vorne streckte, verlor ich das Gleichgewicht und fiel beinahe hin.

Schließlich erreichte ich das Bad. Ich wusste, dass Wassergläser auf der Ablage standen und ich diese umstoßen würde, wenn ich nicht aufpasste. Aber mein langsames, methodisches Tasten danach frustrierte mich.

In diesem Moment erinnerte ich mich an eine Frau, die an einem meiner Seminare teilgenommen hatte. Als sie Mitte zwanzig war, ließ ihr Sehvermögen langsam,

aber stetig nach. Ein paar Jahre später konnte sie gar nichts mehr sehen, sie war völlig erblindet. Trotzdem beschloss sie, Mutter zu werden. Sie brachte ein Kind zur Welt und zog es groß, bis es erwachsen war.
Als ich so im Dunkeln stand und befürchtete, meinen Weg nicht zu finden, wobei ich den Raum ein paar Stunden zuvor ja gesehen hatte, dachte ich an diese Frau und an alles, was sie geschafft hatte. Mir wurde bewusst, was wahrer Mut ist, und ich schämte mich meiner Ängste. Gleichzeitig spürte ich eine Dankbarkeit für mein Leben, wie ich sie in dieser Weise schon seit Langem nicht mehr empfunden hatte. Ich habe ein solches Glück. Nicht aufgrund dessen, was ich getan habe, oder weil ich mich entschieden habe, so zu sein, wie ich bin. Einfach nur so. Das lehrt mich Demut.

WENN ICH BESCHLIEẞE, OPTIMISTISCH
ZU SEIN, ANSTATT ÜBER MÖGLICHE
KATASTROPHEN NACHZUDENKEN,
KOMMT ES NUR SELTEN ZU
KATASTROPHEN. ICH WEIẞ NICHT,
WARUM ES SO FUNKTIONIERT.
ABER ES IST SO.

AUTHENTIZITÄT IST ETWAS WUNDERSAMES.

Wenn ich mir zugestehe, authentisch zu sein, verändert sich so viel in meinem Leben. Ich fühle mich lebendig, glücklich, zufrieden und in Verbindung mit einem höheren Sinn.

Zudem zieht es herrlich weite Kreise. Wenn ich einfach ich selbst bin, inspiriert es andere dazu, gleichfalls authentisch zu sein. Es ist, als hielten wir alle etwas in uns zurück. Aber wenn wir dann jemanden sehen, der in seinem eigenen Leben brilliert, geben wir uns selbst ebenfalls die Erlaubnis zu brillieren.

Daher besteht der größte Dienst, den ich anderen erweisen kann, möglicherweise darin – einfach ich selbst zu sein.

ES IST ERSTAUNLICH,
WIE MÖGLICH
DAS UNMÖGLICHE
WIRD, WENN MEINE
MOTIVATION GROß
GENUG IST.

HEUTE HATTE ICH EINE TIEFE ERKENNTNIS.

Meine Unzufriedenheit in irgendeinem Moment entsteht aufgrund meiner Überzeugung, dass der Moment anders sein sollte, als er ist.
Der Moment selbst ist nicht die Ursache für die Unzufriedenheit. Die Art und Weise, wie ich den Moment deute und wie ich mich dann verhalte, ist dafür verantwortlich, wie ich mich fühle.
Das eröffnet mir enorme Möglichkeiten. Denn obwohl ich den Moment nicht immer kontrollieren kann, so kann ich doch steuern, wie ich ihn auslege, wie ich darauf reagiere und welche Haltung ich ihm gegenüber entwickle.

ES IST SELTSAM, WIE STARK
MEINE ÄNGSTE DIE WAHRNEHMUNG
DER POSITIVEN DINGE IN
MEINEM LEBEN TRÜBEN KÖNNEN.
IN WIRKLICHKEIT LÄUFT ES BESSER
FÜR MICH, ALS ICH MIR BEWUSST
MACHE. ICH BIN ZU MEHR FÄHIG,
ALS ICH MIR SELBST ZUTRAUE.

Ich erkenne mehr und mehr, dass einer der Schlüssel zu einem glücklichen Leben darin besteht, die einem entsprechende Schule zu finden. Keine akademische Schule. Eher so etwas wie eine Schule von Fischen, mit denen man gerne schwimmen möchte. Man kann das in der Natur beobachten: Ähnliche Fische schwimmen zusammen.

Egal ob in einem Teich oder Fluss, im offenen Meer oder im Bereich eines tropischen Korallenriffs.

In der Natur hängt es davon ab, welcher Spezies man angehört und wie man aussieht. All die Weißbarsche schwimmen zusammen. All die schwarz-gelb gestreiften Riffbarsche schwimmen zusammen. All die Hammerhaie schwimmen zusammen …

Wir Menschen haben jedoch die Möglichkeit, uns unsere Schule nicht nur aufgrund unseres Aussehens, sondern aufgrund vieler anderer Kriterien auszusuchen.

Etliche Dinge spielen dabei eine Rolle. Unsere Interessen, unser Sinn für Humor, unser Geschlecht, unsere Hobbys, sexuelle Vorlieben, Leidenschaften … All das kann zu unserer Entscheidung beitragen. Sowie eine Vielzahl von Kombinationen dieser und anderer Faktoren.

Ich weiß, dass ich in meiner »Schule« bin, wenn die Menschen in meinem Umfeld mich zum Lächeln und Lachen bringen und ich mich in ihrer Gesellschaft wohlfühle. Und wenn es ihnen mit mir genauso geht. Dann weiß ich, dass ich irgendwie zu Hause bin.
Dann fühlt das Leben sich stimmig an.

ES GENÜGT NICHT,
AUF ETWAS ZU HOFFEN.
ICH MUSS EINE AKTIVE
ROLLE SPIELEN.
ENTSCHEIDUNGEN
TREFFEN.
HANDELN.

DINGE NUR AUS PRINZIP
ANZUFECHTEN, BEDEUTET
ANARCHIE UND REBELLION.
DINGE ZU HINTERFRAGEN,
WEIL ICH EHRLICH DER
MEINUNG BIN, DASS SIE
VERÄNDERT WERDEN SOLLTEN,
IST FORTSCHRITT.

Mein Leben ist viel angenehmer, wenn ich jeden Moment danach definiere, was tatsächlich abläuft, und nicht aufgrund meiner Ängste, was eventuell in der Zukunft passieren könnte, oder anhand von Dingen, die in der Vergangenheit geschehen sind.
Das wurde mir heute bewusst, als ich den Kofferraum meines Autos öffnete und einen großen, vollen Wasserkanister ohne Deckel darin stehen sah. Anfangs reagierte ich frustriert und wütend darauf. »Wer aus unserem Haushalt hat das gemacht? Warum ist derjenige so faul und nachlässig? Was hat er sich dabei gedacht? Oder vielmehr: Warum hat er sich *nichts* dabei gedacht?«
Doch während ich voller Empörung im Auto saß, wurde mir klar, dass tatsächlich ja nichts Schlimmes passiert war. Es ging lediglich um einen harmlosen Plastikbehälter mit Wasser, der in meinem Auto stand. Einzig meine Befürchtung, was möglicherweise passiert wäre, wenn ich ihn nicht gesehen hätte und er ausgelaufen wäre und … und … und … hatte zu meiner Reaktion geführt. In jenem Moment selbst war an sich alles in Ordnung.

WENN MAN BESONDERS
SCHNELL ARBEITET, WIRD
MAN MANCHMAL INEFFEKTIV.
MAN ERLEDIGT ETWAS RASCH,
ABER NICHT GUT.

ICH SEHE MIR GERNE
DOKUMENTATIONEN ÜBER MENSCHEN AN.
WAHRE GESCHICHTEN ÜBER IHR LEBEN.
SIE ALLE ENDEN AUF DIESELBE WEISE.
»... UND DANN STARBEN SIE.«
DAS ENDE IST FÜR UNS ALLE DASSELBE.
NICHT DASSELBE IST, WAS WIR
VOR DEM ENDE TUN.

Manchmal kann ich nur durch nichts etwas erschaffen. Die Kreativität lebt im offenen Raum. Felder reinen Potenzials und endloser Möglichkeiten.
Wenn ich meine Tage völlig mit Verpflichtungen, Besprechungen und Aktivitäten ausfülle und meinen Geist mit Aufgaben, Sorgen und Szenarien überfrachte, lasse ich keinen Raum für Kreativität übrig.
Es gibt stets Alternativen und Optionen. Für alles. Aber ohne Raum in meinem Leben kann ich sie nicht sehen.

Zum Thema Urlaub ist mir etwas aufgefallen. Die meisten Menschen fahren für eine Woche weg. Sie brauchen zwei Tage, in denen sie

tequilahaltige Margaritas trinken, um von der Arbeit abzuschalten und sich zu entspannen. Am dritten Tag haben sie den Stress so weit abgebaut, dass sie anfangen, ein paar Dinge zu tun, die ihnen Spaß machen. Zumindest können sie am Pool liegen und entspannen, ohne alle fünf Minuten ihre Nachrichten zu checken.
Am vierten und fünften Tag beginnen sie, ihren Urlaub richtig zu genießen. Sie denken darüber nach, dass sie sich tatsächlich an ein Leben mit weniger Stress und mehr spaßerfüllten Tagen gewöhnen könnten. Doch ziemlich genau zu dem Zeitpunkt naht bereits der sechste Tag.
Gedanken an volle Posteingangsfächer und zahllose Nachrichten machen sich in ihrem Kopf breit. Sie fangen an, ihre Mails wieder abzurufen, um ein paar Dinge zu erledigen, damit es nicht ganz so schlimm wird, wenn sie wieder in der Arbeit sind.
Bevor sie sich's versehen, sind die letzten beiden Tage vorbei. Sie haben sie damit verbracht, sich auf den ersten Tag in der Arbeit vorzubereiten, anstatt die letzten Urlaubstage zu genießen.
Irgendwie haben wir einen Punkt erreicht, an dem all das als normal und akzeptabel gesehen wird. Das ist beängstigend.

ICH BIN LETZTLICH
FÜR MICH SELBST
VERANTWORTLICH.
FÜR MEINE GEDANKEN,
MEIN HANDELN,
MEINE ÜBERZEUGUNGEN,
MEIN LEBEN …
JE MEHR ICH DAS
VERSTEHE, AKZEPTIERE
UND BEGRÜẞE, DESTO
STÄRKER WERDE ICH.

ICH KANN MICH NICHT GLEICHZEITIG VORWÄRTSBEWEGEN UND STILLSTEHEN.

Wenn sich in meinem Leben etwas verändern soll, muss sich für mich etwas ändern, und ich muss mich ebenfalls verändern.
Das hat mir in der Vergangenheit große Angst gemacht. Ich wollte zwar die Veränderung, aber ich wollte mich selbst nicht verändern.
Ich lasse diese Angst los. Es ist nicht beängstigend. So funktioniert das Leben nun mal.

Warum hören wir auf zu spielen, wenn wir älter werden? Vor Kurzem habe ich zwei Männer gesehen, die sich gegenseitig einen Fußball zuwarfen. Sie waren wohl etwa Anfang dreißig.

Es war ein ungewöhnlicher Anblick, man erlebt so etwas nicht so häufig. Bei Kindern beobachtet man es dagegen ständig. Und wenn man mit Kindern spricht, sagen sie einem sofort, dass »spielen« zu ihren Lieblingsbeschäftigungen gehört.

Wenn wir nicht aufpassen, wird der Wert des Spielens an irgendeinem Punkt von dem Wert überschattet, den wir dem Tun beimessen. Oder von der Notwendigkeit, auf irgendeine »bedeutende« Weise zu gewinnen. Warum sollten wir uns einen Fußball zuwerfen? Was bringt das? Schließlich geht es um nichts. Es gibt so vieles, was wir jeden Tag tun *müssen*. Aber vielleicht ist gerade das Spielen wichtig. Möglicherweise begreifen wir das auf einer tiefen zellulären Ebene, wenn wir jung sind, und vergessen es meist als Erwachsene. Oder wir verschieben es, falls wir es nicht vergessen.

Wir werden wieder spielen, wenn wir im Ruhestand sind. Allerdings enthält diese Formel einen großen Fehler. Denn wenn wir schließlich in den Ruhestand gehen, erkennen wir tief bestürzt, dass unser Körper aufgrund des mangelnden Spiels in einer so schlechten Verfassung ist, dass das »Spielen« darin besteht, dazusitzen und anderen im Fernsehen beim Spielen zuzusehen.

Ich habe heute Morgen einen Spaziergang gemacht. Es ist Frühling und das Wetter ist perfekt. Ich habe einen Alligator durch einen Teich schwimmen sehen. Zwei Eichhörnchen jagten sich gegenseitig an einem Baum rauf und runter. Ein kleiner Vogel verteidigte sein Nest gegen eine Krähe, die fünf Mal so groß war wie er selbst.
Überall waren Blumen in den verschiedensten Farben und Größen zu sehen. Die Bäume trugen üppige gelbe Blüten. Ich liebe die Natur. Ich war begeistert von meinem Spaziergang.

Warum blieb das dann mein einziger Spaziergang in dieser Woche, und warum habe ich stattdessen 20 Stunden lang auf meinen Laptop gestarrt?

ERFOLG BEDEUTET,
MEIN LEBEN SO ZU
GESTALTEN, DASS
ICH ES GAR NICHT
ERWARTEN KANN,
JEDEN MORGEN
AUFZUSTEHEN.

Es ist schwer, auf meine innere Stimme zu hören, wenn ich ständig mit Stimmen von außen bombardiert werde. Diese äußeren Stimmen lassen sich nach Belieben abstellen.

Wenn ich mein Telefon und den Fernseher ausschalte, werden die meisten davon bereits zum Schweigen gebracht.

IM LAUFE MEINES LEBENS
HABE ICH FESTGESTELLT, DASS
MEINE INNERE WEISHEIT MIR DIE
GRÖẞTEN WAHRHEITEN LIEFERT.
DIESE ABER GEHEN MIR VERLOREN,
WENN ICH NIE AUF MEINE
INNERE STIMME HÖRE.

Ich bin wegen eines Projekts, an dem ich arbeite, nach London gekommen. Heute hatte ich frei, also stellte ich mir die Aufgabe, mich im Londoner U-Bahn-System zurechtzufinden.
Sicherlich käme ein durchschnittlich begabter Siebenjähriger aus London problemlos damit klar. Aber ich bin weder mit Bussen oder Zügen noch sonst irgendwelchen öffentlichen Nahverkehrsmitteln aufgewachsen. Daher ist all das in gewisser Weise neu für mich und verunsichert mich stets etwas.
Ich wählte ein zufälliges Ziel aus. Eins, das zweimaliges Umsteigen erforderlich machte. Dann stürzte ich mich ins Abenteuer.
Ich kann zwar nicht behaupten, dass ich bei dieser Erfahrung sehr schnell war, aber es gelang mir, ein Ticket zu kaufen, bei den richtigen Stationen umzusteigen und mich nicht zu verirren. Ich kam dort an, wo ich hinwollte.
Eigentlich war alles ziemlich einfach. Meine Ängste vor dem »Unbekannten« rührten von vermeintlichen Herausforderungen her, die es in Wirklichkeit gar nicht gab. Ich sah mich einem wilden Löwen gegenüber, der sich als kleines, zahmes Kätzchen entpuppte. Nach dieser Konfrontation mit dem Unbekannten bin ich mir

sicher, dass ich in jeder Stadt in der Lage bin, mit der U-Bahn zu fahren.
Ich frage mich, welche anderen »Löwen« in meinem Leben in Wirklichkeit Kätzchen sind.

Es ist unglaublich, wie ansteckend positive Energie ist. Heute Abend habe ich bei einer Veranstaltung einem Gemeindechor zugehört. Die Chormitglieder waren so lustig. So engagiert. So locker.
Es verlieh mir ein gutes Gefühl, in ihrer Nähe zu sein. Ihre positive Ausstrahlung wahrzunehmen.
Als ich die Veranstaltung verließ, fühlte ich mich dazu inspiriert, auszugehen und so viel Spaß zu haben wie sie. Und mich überdies mit Menschen zu umgeben, die lieben, was sie tun.

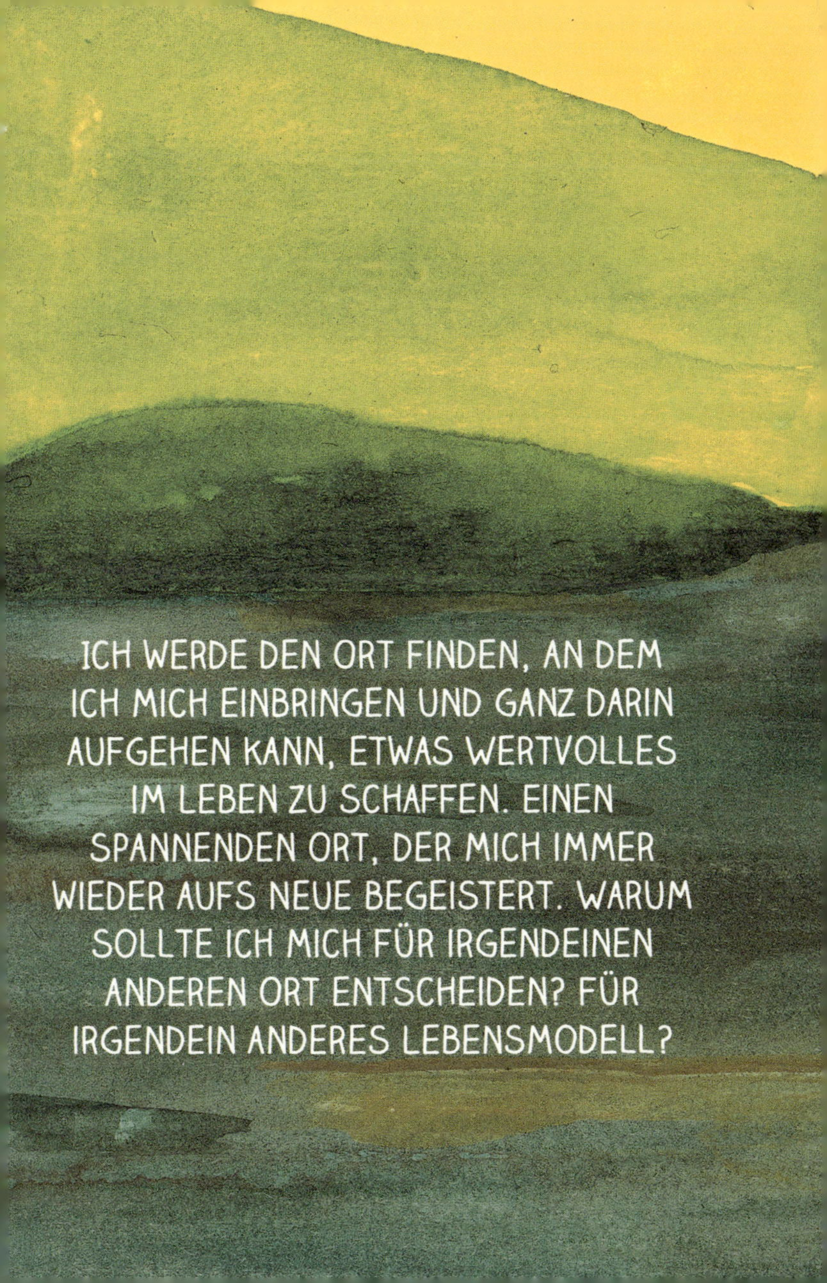
ICH WERDE DEN ORT FINDEN, AN DEM ICH MICH EINBRINGEN UND GANZ DARIN AUFGEHEN KANN, ETWAS WERTVOLLES IM LEBEN ZU SCHAFFEN. EINEN SPANNENDEN ORT, DER MICH IMMER WIEDER AUFS NEUE BEGEISTERT. WARUM SOLLTE ICH MICH FÜR IRGENDEINEN ANDEREN ORT ENTSCHEIDEN? FÜR IRGENDEIN ANDERES LEBENSMODELL?

Es hat etwas Wunderbares, über genügend Lebenserfahrung zu verfügen, sodass Glanz und Glamour nicht mehr denselben »Wow-Faktor« haben wie früher.
In gewisser Hinsicht könnte man meinen, das Leben würde ab diesem Zeitpunkt langweilig werden. Doch genau das Gegenteil ist der Fall. Ich bin dadurch in der Lage, endlich selbst zu entscheiden, wie *ich* etwas *tatsächlich* wahrnehme. Angesichts all dessen, was ich faszinierend finde, kann ich mit einem ehrlichen Gefühl des Staunens durch die Welt gehen. Und auf Dinge, bei denen das nicht der Fall ist, mit sorglosem Desinteresse reagieren.

ES IST WEITAUS BESSER
ZU WISSEN, WER ICH BIN,
UND DIE BESTE VERSION
DESSEN ZU SEIN,
ALS JEMAND ANDEREN
AUẞERGEWÖHNLICH GUT
NACHZUAHMEN.

Wenn ich »entdeckt« werden möchte, muss ich zumindest zum Casting gehen. Die Welt ist nicht auf der Suche nach meiner Genialität. Es ist an mir, meine Genialität zu *offenbaren*. Dann hat die Welt eine Chance, sie wahrzunehmen. Das trifft auch auf die Partnersuche zu.

Wie realistisch ist es, einen Job zu machen, den man hasst, und darauf zu hoffen, dass jemand über dieses langweilige, miesepetrige Ich hinwegsieht und dahinter irgendwie den interessanten Menschen erkennt, mit dem man Spaß haben kann?

Es ist nicht sehr realistisch.

Es liegt ganz bei mir, mich entsprechend zu positionieren und mein interessantes und gut gelauntes Ich offen sichtbar zu machen, anstatt es im Verborgenen zu halten. Meine Talente sollten erkennbar sein und nicht von meinen Unsicherheiten überlagert werden. Dann werde ich so in der Welt auftreten, wie ich tatsächlich bin. Wie ich wirklich gesehen werden möchte.

Beim Aufwachen heute Morgen habe ich mich sehr elend gefühlt. Als ich mir mein Tagesprogramm im Terminkalender ansah, kam ich mir wie ein Gefangener vor. Der Freiheit beraubt.

Ich brauchte eine Weile, um Folgendes zu erkennen: Ich bin ein Gefangener. Aber ich bin auch der Architekt des Gefängnisses, der Bauunternehmer, der es erbaut hat, der Bauingenieur, der für die Instandhaltung sorgt, und der Gefängniswärter, der mich darin eingesperrt hält.

ALSO HABE ICH MICH FREIGELASSEN.

JEMAND MACHT
MEINEN TRAUMJOB.
DAS KÖNNTE EBENSO
GUT ICH SELBST SEIN.
JEMAND LEBT
MEIN TRAUMLEBEN.
DAS KÖNNTE EBENFALLS
ICH SELBST SEIN.

Ich beschließe, ab sofort selbst mein größter Fan zu sein. In inspirierenden Filmen und Büchern gibt es stets eine Nebenfigur, an die die Hauptfigur sich wendet, wenn sie Rat braucht oder um sich aufheitern zu lassen, wenn etwas schlecht läuft. Diese Person glaubt ganz einfach an die Hauptfigur. Sie zweifelt nie an ihr und hält immer an ihr fest.
Das Leben ist allerdings nicht unbedingt so wie die Geschichten in Büchern oder Filmen. Manchmal ist niemand da, der einem zujubelt. Daher werde ich selbst diese Person für mich sein. Ich werde an mich glauben, selbst wenn ich mit meinen Leistungen mein Potenzial nicht ausschöpfe. Ich werde mir selbst gratulieren, wenn ich meine eigenen Erwartungen übertreffe. Wenn ich weiß, dass ich mein Bestes gegeben habe, werde ich meinen Einsatz anerkennen – egal ob ich gewonnen oder verloren habe.
Ich werde mein Cheerleader, mein Trainer und mein größter Fan sein – in meinem eigenen Leben.

JE GRÖßER MEINE
PERSPEKTIVE AUF
DIE WELT IST,
JE UMFASSENDER
MEIN WELTBILD,
DESTO KLEINER
ERSCHEINEN MIR
MEINE PROBLEME.

Wir alle haben einen Ort. Einen Platz, den wir als sehr authentisch wahrnehmen und einfach wissen, dass er stimmig für uns ist. Vielleicht fühlen wir uns dort zu Hause oder nicht bewertet, vielleicht empfinden wir eine innere Ruhe oder fühlen uns kreativ, glücklich und zufrieden …

Vielleicht ist dieser Ort eine Bar, in der man die Erdnussschalen auf den Boden werfen kann und in der stets Country- und Westernmusik gespielt wird. Vielleicht handelt es sich um ein Tanzstudio mit einem Eins-a-Parkettboden und Spiegeln an den Wänden, in dem jeder den Unterschied zwischen einer Pirouette und dem Plié kennt.

Vielleicht ist es auch eine ferne Insel, auf der alle in Zelten schlafen, vielleicht eine Farm mit Kühen und einer roten Scheune oder der Handelsraum einer Börse. Der Ort kann sich in einem Land befinden, das ganz anders ist als mein Geburtsland. Trotzdem fühle ich mich dort möglicherweise viel mehr zu Hause als irgendwo sonst auf diesem Planeten.

Es gibt einen Ort, zu dem wir gehören. Einen Platz, an dem wir sein sollten, um im Einklang mit dem Sinn unseres Lebens zu leben.

Darüber hinaus gibt es auch eine »Herde«, zu der wir gehören. Wo die Menschen um uns herum unsere Interessen und Überzeugungen sowie unsere Werte angemessen unterstützen oder hinterfragen.

Ich werde meinen Platz finden, und ich werde meine Herde finden. Ohne Selbstzweifel und ohne dies zu verurteilen, werde ich versuchen, immer klarer zu erkennen, wer ich bin und wodurch ich mich absolut authentisch fühle.

ICH WERDE MEIN LEBEN LEBEN.

ES IST NIE
EINEN MOMENT
ZU FRÜH ODER
EINEN MOMENT
ZU SPÄT, UM
EINEN TRAUM ZU
VERWIRKLICHEN.

Wir haben die Illusion, dass sich stets Möglichkeiten bieten werden. Doch manchmal sprechen nicht zu übersehende Beweise eindeutig dagegen, und das macht mich nachdenklich.

Beim Verlassen eines U-Bahn-Tunnels habe ich heute eine lange, sehr steile Treppe nach oben genommen. Dabei fiel mir ein ziemlich alter Mann auf, der vor mir die Stufen überaus langsam hinaufstieg. Bestimmt zählte er 80 Jahre, womöglich war er noch älter. Er ging vornübergebeugt und stützte sich dabei auf einen Stock.

Offenbar musste er all seine Kraft zusammennehmen, um Stufe um Stufe zu erklimmen. Wie mochte sein Leben wohl ausgesehen haben? Hatte er sich in die Abenteuer gestürzt, die er sich gewünscht hatte? Hatte er einen Berg auf einem Gebirgspfad erklommen, von dem er sehr viel gehört hatte? War er auf Flüssen geraftet? Hatte er den Mut gefunden, die junge Frau anzusprechen, zu der er sich hingezogen fühlte, als er an der Universität war? Denn nun war es für all das zu spät. Diese Chancen waren vorbei.

Als ich ihm zusah, erkannte ich, dass meine Möglichkeiten auch nicht für immer vorhanden sein werden. Wenn ich sie nutzen will, muss ich sie jetzt ergreifen. Solange ich es noch kann.

ICH VERÄNDERE DIE WELT,
INDEM ICH DIE AUTHENTISCHSTE
VERSION MEINER SELBST BIN.
ALLEIN DAS INSPIRIERT ANDERE
DAZU, IHREM EIGENEN HERZEN
TREU ZU BLEIBEN. UND DAS
VERÄNDERT DIE WELT.

Wenn ein kleines Kind sich voller Begeisterung über einen riesigen Kiefernzapfen freut, den es auf dem Boden gefunden hat, ist es nicht nötig, es auf fehlende Schuppen oder Schrammen aufmerksam zu machen. Ebenso wenig ist es nötig, den Kiefernzapfen durch einen »besseren« zu ersetzen. In diesem Moment ist lediglich eins wichtig: sich mit dem Kind zu freuen.

ES HAT KEINE BEDEUTUNG, OB MEIN HAUS
EINEN WUNDERBAREN MEERBLICK HAT –
WENN ICH MIR NIE DIE ZEIT NEHME,
IHN ZU GENIEßEN.

Es ist leicht, in einem Zustand der Dankbarkeit zu sein. Zwei Mal pro Woche bringe ich meinen Müll zur Bordsteinkante, lasse ihn dort stehen, und jemand holt ihn ab. Was für ein Geschenk.

Mein Glücksgefühl hängt davon ab, ob ich in der Lage bin, mich über kleine Dinge zu freuen und mich nicht vom sogenannten Ertragsgesetz* vereinnahmen zu lassen.

Ich habe einmal beim Schnorcheln nach Langusten getaucht. Man muss dafür drei bis fünf Meter tief tauchen und Korallenformationen und Felsspalten absuchen. Entdeckt man eine Languste, gilt es, sie aus ihrem Versteck hervorzulocken und mit einem Kescher zu fangen. Dabei muss man die ganze Zeit die Luft anhalten. Ich hatte so etwas noch nie zuvor probiert. Es dauerte einen halben Tag, bevor ich überhaupt eine Languste, meine erste, entdeckte. Als es mir gelang, war ich überglücklich.

Am nächsten Tag ließ ich es nicht dabei bewenden, eine aufzuspüren, sondern ich wandte auch gleich meine neu erworbenen Techniken an und fing sie mit dem Kescher. Sie war zu klein, um sie mitzunehmen. Aber ich freute mich riesig darüber, dass es mir gelungen war, die Luft so lange anzuhalten, die Languste zu fangen und sie den Leuten zu zeigen, die mit mir da waren.

---

* = Gesetzmäßigkeit vom abnehmenden Ertragszuwachs

Später an diesem Tag fing ich viele weitere Langusten. Zwei davon waren groß genug, um sie zu behalten. Meine Freude erreichte einen neuen Höhepunkt.
Am dritten Tag war ich bereits viel besser im Aufspüren von Langusten geworden. Ich entdeckte über 50 und fing Dutzende von ihnen. Wie sich herausstellte, waren sie aber letztlich alle zu klein, was mich etwas ärgerte. Die Freude über das Erlebnis war angesichts des Ziels, etwas zu »bekommen« und zu »behalten« verloren gegangen.
Als ich an diesem Abend im Bett lag, dachte ich darüber nach, wie rasch ich die verschiedenen Phasen meiner Langustenerfahrung durchlaufen hatte. Ich überlegte, in welcher Phase ich mich am meisten gefreut hatte und wann mir die Freude abhandengekommen war.
Am nächsten Tag tauchte ich aus Spaß am Tauchen.

Wenn ich heute dieselben Dinge tue wie gestern und das eine Weile lang so fortsetze, habe ich Angst davor, etwas Neues auszuprobieren. Ich sperre mich in einen Käfig, obwohl ich weiß, dass er zu klein ist. Doch meine Angst vor dem Unbekannten hindert mich daran, die Tür zu öffnen und hinauszutreten.

Es ist so einfach, ein mittelmäßiges Leben zu führen. Zu tun, was die Massen tun. Jeden Tag derselben Routine zu folgen. Zu glauben, wovon andere mich überzeugen wollen.
Aber das erfüllt mich nicht. Vielmehr hinterlässt es ein durchdringendes Gefühl der Leere in mir. Ich sehne mich nach mehr als nur nach Mittelmäßigkeit. Ich wünsche mir, ein Abenteurer zu sein und kein Mitläufer. Ich möchte meine Meinungen so lange hinterfragen, bis ich weiß, dass meine Überzeugungen sowohl richtig als auch wirklich meine eigenen sind.
Ich suche nach mehr und obwohl ich es nicht erklären oder definieren kann, werde ich danach streben, bis ich das Gefühl habe, mein Leben ist ein erfülltes.

WENN ICH NICHT WEIẞ, WAS ICH WILL,
TRENNE ICH MICH VON DEN DINGEN,
DIE ICH SICHERLICH NICHT IN MEINEM
LEBEN HABEN MÖCHTE. DAS LIEFERT MIR
ZWAR NICHT IMMER DIE ENDGÜLTIGE
ANTWORT, ABER ES IST EIN GROẞARTIGER
START UND FÜHRT IN DIE RICHTIGE
RICHTUNG.

Aufgrund der Tatsache, dass ich Jahr um Jahr für meine Tochter sorge, weiß ich auf eine andere Art und Weise zu schätzen, was meine Eltern für mich getan haben, als ich heranwuchs.

Ich werde mein Leben nicht nur aufgrund einer Zahl bemessen. Ist der Aktienkurs gestiegen oder ist er gefallen? Wenn er gestiegen ist, fühle ich mich großartig. Ganz anders verhält es sich, wenn er gefallen ist. Warum ist das so? Wie geht es mir, wenn ich auf die Waage trete und sie eine höhere Zahl anzeigt, als ich es mir wünsche? Fühle ich mich miserabel? Wie geht es mir, wenn die Zahl niedriger ist? Prima? Ich sehe mir ein Spiel meines Lieblingsteams an. Wenn es weniger Punkte macht als das andere Team, schlägt sich das auf meine Laune nieder. Erreicht es mehr, fühle ich mich gut. Warum eigentlich?

Ich beschließe, die Zahlen zu überwinden. Was bedeutet es, wenn meine Aktien um fünf Prozent gestiegen sind? Warum hat das eine Bedeutung für mich? Heißt es, dass ich der Freiheit dadurch nähergekommen bin? Falls dem so ist, wünsche ich mir in Wirklichkeit Freiheit. Aber wie frei bin ich, wenn ich zulasse, dass meine emotionale Verfassung komplett durch eine zufällige Zahl auf einem Bildschirm verändert wird?

Warum ist es so wichtig, ob die Waage eine höhere oder eine niedrigere Zahl anzeigt? Angenommen, die

Zahl ist niedriger – bin ich dann schön oder attraktiv oder liebenswert, oder mag die Welt mich mehr …?
Bin ich in gewisser Weise ein Versager, wenn die Zahl höher ist? Bin ich dann unattraktiv, nicht liebenswert, oder mögen andere mich nicht …?
Wenn »mein« Team gewinnt, was bringt mir das? Ich selbst habe nicht mitgespielt. Ich habe mich überhaupt nicht eingebracht. Ist es daher wirklich wichtig, ob »mein« Team gewonnen hat?
Ach so, wenn »mein« Team gewonnen hat, kann ich mir selbst auf die Schulter klopfen. Bin ich denn schlauer als andere, weil ich mich für das »Gewinnerteam« entschieden habe? Wenn ich schlau sein will, sollte ich mich vielleicht in einem bestimmten Bereich schlauer machen. Zumindest könnte ich meine Intelligenz auf diese Weise angemessen bewerten, und es wäre etwas, worauf ich Einfluss habe.

Ich werde mein Leben nicht nur anhand einer Zahl bemessen.

Ich habe festgestellt, dass es auf der Welt Besserwisser und Macher gibt. Die Besserwisser haben ständig Ideen, was alle anderen in ihrem Umfeld tun sollten. Sie reden liebend gerne stundenlang und geben anderen unaufgefordert ihren Rat. Mit Vorliebe heimsen sie die Lorbeeren für eine Arbeit ein, die sie selbst gar nicht gemacht haben. Nur selten erreichen die Besserwisser selbst etwas.

Die Macher sind diejenigen, die etwas umsetzen. Sie sind die Innovatoren, Gestalter und Erfinder in unserer Welt. Ich bin entschlossen, ein Macher zu sein. Und ich bin entschlossen, Besserwisser zu meiden.

Wenn ich bedrückt bin, sehe ich mir die Menschen in meiner Nähe an. Jemanden, der mich im Café bedient. Der die Straße fegt. Den Rasen mäht. Es gibt nichts an diesen Pfaden auszusetzen. Ich war auf jedem davon unterwegs, und noch auf vielen weiteren. Aber im Moment gehören sie nicht zu meinem Weg. Und ich bin froh darüber, dass ich mich von ihnen entfernt habe. Ich bin dankbar für die Freiheit, neue Pfade zu beschreiten. Diese Erkenntnis heitert mich auf. Sie verändert meine Stimmung so, dass ich nicht länger deprimiert bin, sondern ein Gefühl der Wertschätzung empfinde.

In den letzten drei Wochen habe ich mich auf lauter ausgefahrenen Gleisen bewegt. Ich bin überhaupt nicht motiviert. Daher habe ich heute angefangen Platz zu schaffen. Im wahrsten Sinne des Wortes. Ich habe all die Dinge aussortiert, von denen ich dachte, »das kann ich vielleicht mal brauchen«, die ich aber in den letzten zwei Jahren nicht genutzt habe.

Die Dinge, an denen ich nach wie vor hänge, habe ich in zwei Kisten gepackt, mit dem heutigen Datum beschriftet und in die Garage gestellt. Wenn ich sie im Laufe eines Jahres nicht öffne, werde ich die Kisten wegwerfen, ohne noch mal reinzuschauen.

Es geht mir bereits besser. Ich fühle mich erleichtert. So, als hätte ich mich mit all diesen Dingen blockiert. Ich habe keinen Flow mehr in meinem persönlichen Bereich gespürt und daher auch keinen Flow in meiner Kreativität oder Energie empfunden.

Manchmal geht es bei der Überwindung meiner Grenzen nicht allein darum, etwas zu »erkennen«, sondern darum, mich an bestimmte Dinge zu erinnern und dementsprechend zu handeln.
Ich fahre für ein paar Tage in die Berge oder ans Meer, und die Heiterkeit und Ruhe der Natur hüllen mich ein wie eine Decke. Ich spüre, wie unbedeutend meine Probleme sind. Ich sehe mit einer neu gefundenen Klarheit.
Aber dann kehre ich in meinen Alltag zurück und vergesse es wieder.

ICH MÖCHTE DIESE KLARHEIT SPÜREN, EGAL WO ICH BIN UND WAS IN MEINEM UMFELD GESCHIEHT. ICH STREBE DANACH, SOLCHE WAHRHEITEN NICHT NUR ZU ERKENNEN, SONDERN MICH AUCH DARAN ZU ERINNERN UND STETS ENTSPRECHEND ZU HANDELN.

Ich werde nicht warten. Ich werde keiner von denjenigen sein, die so lange warten, etwas vom Buffet des Lebens zu kosten, bis sie kaum noch ihre Gabel zu ihrem zahnlosen Mund führen und mit ihrer Zunge nichts mehr schmecken können. Ich werde das Leben jetzt voll und ganz auskosten.

IN MEINEM LEBEN IST
ETWAS NUR SO LANGE
UNMÖGLICH, BIS ICH
BEWEISE, DASS ES
NICHT STIMMT.

Was wäre, wenn ich heute in eine Arztpraxis gehen und dort erfahren würde, dass ich eine »24-Stunden-Krankheit« habe. Dass es meinem Körper und Geist im Moment sowie in den nächsten 24 Stunden noch gut geht. Doch wenn die letzte dieser Stunden verstrichen ist, wird mein Leben vorbei sein.

Was würde ich mit dieser Zeit anfangen? Mit wem würde ich sie verbringen? Wie würde ich mich fühlen? Würde ich genau das tun, was ich bereits für den Tag geplant hatte? Oder würde ich angesichts dieser Vorstellung spöttisch lachend denken: »Natürlich werde ich diese Dinge nicht tun. Ich werde meinen letzten Tag auf keinen Fall damit verbringen!«

Würde ich mich gerne von jemandem verabschieden? Mich mit jemandem versöhnen? Letzte »Ich-liebe-dich-Gespräche« führen?

Mir bleiben noch mehr als nur 24 Stunden zu leben. Eines Tages wird es allerdings so weit sein. Und höchstwahrscheinlich werde ich nicht wissen, wann die Uhr zu ticken beginnt.

ES GIBT NICHT NUR »DEN EINEN« WEG.
MIT DER RICHTIGEN MOTIVATION UND
GENÜGEND ANTRIEB KANN JEDER
MENSCH ZU JEDER ZEIT UND VON
JEDEM AUSGANGSPUNKT AUS WERDEN,
WAS IMMER ER WERDEN MÖCHTE.
DAS GILT AUCH FÜR MICH SELBST.

Eines der größten Hindernisse für mein Glück ist meine Unsicherheit. Sie hat mich daran gehindert, Menschen zu befragen, die Antworten kennen, nach denen ich suche, weil ich befürchtete, dumm zu erscheinen. Sie hat mich davon abgehalten, neue Dinge auszuprobieren, weil ich nicht ungeschickt oder albern wirken wollte.

Meine Unsicherheit ist unbegründet. Wenn Menschen von etwas begeistert sind, können sie es nicht erwarten, darüber zu reden. Wenn Leute einen Raum voller tanzender Menschen sehen, wird ihr Blick von den besten Tänzern angezogen und nicht von denjenigen, die es noch nicht gut beherrschen.

Je öfter ich meine Unsicherheit überwinde, desto deutlicher erkenne ich, wie unbegründet sie ist.

DAS LEBEN, DAS ICH
FÜHRE, SPIEGELT WIDER,
WELCHE DINGE PRIORITÄT
BEI MIR HABEN. WENN
ICH EIN ANDERES LEBEN
FÜHREN MÖCHTE, MUSS
ICH MIR ERLAUBEN,
ANDERE PRIORITÄTEN
ZU SETZEN.

»WAS WÜRDEN SIE TUN,
WENN IHR LEBEN
DAVON ABHINGE?«

Diese Frage ist mir bereits mehrfach gestellt worden. In der Regel im Kontext eines ziemlich hypothetischen Szenarios.
Eines Tages erkannte ich dann, wie tiefgründig diese Frage eigentlich ist. Jeden Tag gestalte ich mit jeder meiner Entscheidungen mein Leben. Was ich an jeder Weggabelung tue, bedingt tatsächlich die Art, Qualität und Richtung meines Lebens sowie meine Zufriedenheit damit.

WAS TUE ICH?

MEIN LEBEN HÄNGT WIRKLICH DAVON AB.

»Weder die stärkste Spezies überlebt, noch die intelligenteste, sondern diejenige, die sich am besten an Veränderungen anpassen kann.«

Dieses Zitat wird häufig Charles Darwin zugeschrieben. In Wirklichkeit hat er das nie gesagt. Das Zitat stammt von Wissenschaftlern, die sich mit seiner Arbeit beschäftigten und seine Forschung über die Anpassung der Arten auf diese Weise zusammenfassten. Auch wenn das Zitat in diesem Wortlaut nicht von ihm stammt, lässt sich der Kern seiner Erkenntnisse sehr treffend auf mein Leben übertragen. Besonders mit einem kleinen Zusatz.

»Weder die stärkste Spezies überlebt, noch die intelligenteste, sondern diejenige, die sich am besten an Veränderungen anpassen kann *und dabei am beharrlichsten ist.*«

Wir lesen über Menschen, die alles zu haben scheinen. Sie werden von ihrer Familie geliebt, sind finanziell erfolgreich, überaus intelligent, haben eine großartige Karriere hingelegt und nehmen sich letztlich das Leben. Warum tun sie das?
Weil etwas Dramatisches geschehen ist und sie damit nicht umgehen konnten. Sie waren nicht in der Lage, sich an eine neue Realität anzupassen und hörten schließlich auf, es zu versuchen.

Es gibt allerdings auch den umgekehrten Fall. Manche Menschen verlieren alles in einem Krieg, aufgrund einer finanziellen Krise oder einer Naturkatastrophe. Doch innerhalb von ein oder zwei Jahren sind sie wieder auf den Beinen, und in vielen Fällen stehen sie besser da als zu dem Zeitpunkt, bevor sie alles verloren. Sie ließen sich von der Veränderung nicht unterkriegen. Sie passten sich an. Sie hielten durch. Sie beschlossen, mutig nach vorne ins Ungewisse zu schauen, statt den Blick auf die Vergangenheit zu richten.

Welch großartige Erkenntnis solche Geschichten doch vermitteln. Sie lässt sich durchaus auf meinen Alltag übertragen. Wie oft habe ich schon wertvolle Zeit, Energie und andere Ressourcen darauf verwendet, mir zu wünschen, die Vergangenheit sei nach wie vor die Gegenwart und die Dinge hätten sich anders zugetragen, als es tatsächlich der Fall war.

Ich versteife mich darauf, wie unfair die Situation ist, als würde das irgendetwas ändern. Aber das tut es nicht. Die Situation kann nicht rückgängig gemacht werden. Und auch ich kann nicht zurückgehen.

Wenn ich überleben und über das reine Überleben hinausgehen will, um mich zu entfalten, muss ich mich anpassen und ich muss mich beharrlich darum bemühen.

Es ist so unglaublich leicht, beim Surfen hängen zu bleiben – zu beobachten, wie andere Menschen ihr Leben leben, und darüber mein eigenes Leben zu vergessen. Es sind jeweils ein paar Minuten, wenn ich online bin. Diese Minuten summieren sich zu Stunden, die sich wiederum zu ganzen Tagen, Monaten und Jahren summieren.

DIESE GANZE ZEIT KANN ICH DAMIT VERBRINGEN, MEIN EIGENES FANTASTISCHES LEBEN ZU FÜHREN.

MANCHMAL MUSS
ICH GEFÜHLT
ALLES RISKIEREN,
UM TATSÄCHLICH
ALLES ZU BEKOMMEN.

NACHDEM ICH BESCHLOSSEN HATTE,
»MINUTEN DER ZUFRIEDENHEIT«
ALS BEWERTUNGSMAẞSTAB FÜR MEIN
LEBEN ZU VERWENDEN, HABEN SICH
MEINE TÄGLICHEN AKTIVITÄTEN
DRAMATISCH VERÄNDERT.

Babys sind eine solch unglaubliche Quelle der Weisheit. Sie scheitern tausend Mal bei dem Versuch zu laufen, geben aber nicht auf. Allein kraft ihres eigenen Willens treiben sie sich körperlich dazu an, bei dem, was sie tun, immer besser zu werden. Sie versuchen ständig, neue Dinge auszuprobieren und mehr zu lernen.

Stellen Sie sich vor, wir würden diese Eigenschaft unser gesamtes Leben lang nutzen.

WENN ICH BESCHLIEßE, MICH MIT
DINGEN ZU BESCHÄFTIGEN, DIE ICH
LEIDENSCHAFTLICH GERNE TUE,
WERDE ICH DIE DINGE, MIT DENEN
ICH MICH BESCHÄFTIGE, STETS
LEIDENSCHAFTLICH GERNE TUN.
ES IST SO EINFACH, WENN ICH
DIESEN ZUSAMMENHANG HERSTELLE.

Heute Morgen habe ich einen riesigen Kanadareiher beobachtet. Er war unglaublich geduldig, während er langsam durch das flache Wasser watete und nach Nahrung suchte. Hin und wieder hielt er inne und stand statuengleich mehrere Minuten still, nur um sich schließlich etwa 30 Zentimeter vorwärtszubewegen und dieselbe Prozedur zu wiederholen.

Wir Menschen gehen wohl zum Großteil davon aus, dass Tiere eine begrenzte Intelligenz haben und nichts anderes tun, als zu faulenzen, zu fressen und sich zu paaren. Aber woher wollen wir das wissen?

Vielleicht dachte der Kanadareiher über die Mysterien des Universums nach, während er so geduldig dastand? Möglicherweise hat er im Geiste eine tausend Meilen lange Flugroute abgesteckt. Vielleicht hatte er in diesem Moment eine größere Präsenz als die geübtesten Meditierenden.

Frei in der Natur lebende Tiere überfressen sich nicht. Sie wirken nicht übermäßig gestresst, offenbar töten sie nicht wahllos, und sie rennen nicht den ganzen Tag ohne ersichtlichen Grund herum.

Vielleicht sind die Tiere die wahren Erleuchteten auf diesem Planeten.

Früher ärgerte ich mich sehr, wenn andere Leute mich kritisierten. Ich war wütend und genervt. Im Geiste führte ich dann Gespräche, in denen ich die anderen zurechtwies und ihnen all die Gründe darlegte, warum sie sich irrten.
Als ich älter wurde, hielt ich all das nicht mehr in meinem Inneren zurück, sondern ließ es voller Energie hinaus. Ich herrschte andere Leute sofort an und ließ sie deutlich wissen, wie falsch sie lagen.

Das war ein Fortschritt. Es verlieh mir Kraft. Ich fühlte mich nicht länger als hilfloses Opfer. Trotzdem brodelte es nach wie vor in mir.

Solche Situationen setzten mir sehr zu, weil ich »von Natur aus« ein Harmoniemensch bin. Ich möchte lachen, Spaß haben, positiv gestimmt und enthusiastisch sein … Ich will mein Leben nicht damit verbringen, andere anzuschreien.

Eines Tages veränderte sich schließlich etwas. Jemand fuhr mich an, und in meinem Kopf machte etwas klick. Ich erkannte, dass ich in jedem Bereich meines Lebens mein Bestes gab. Ich war nicht nur halbherzig dabei. Ich gab wirklich mein Bestmögliches.

In diesem Moment wurde ich innerlich ruhig. Ich war nicht froh darüber, dass ich angeschrien wurde. Aber ich hatte nicht mehr das Bedürfnis, zurückzuschreien und mich zu verteidigen. Was jemand anderer sagte, machte mir nichts mehr aus. Ich wusste, dass ich mir alle Mühe gab, und mein Bestes war gut genug. In diesem Moment wurden die Meinungen und das Verhalten anderer für mich irrelevant.

WENN ICH MIR SORGEN DARÜBER
MACHE, WIE ICH EIN PROBLEM
IN DEN GRIFF BEKOMMEN SOLL,
VERBRINGE ICH HÄUFIG
WEITAUS MEHR ZEIT DAMIT
ALS DIE EIGENTLICHE LÖSUNG
DES PROBLEMS ERFORDERT.
ICH FAHRE BESSER DAMIT,
MICH EINE STUNDE LANG
KONKRET MIT EINEM PROBLEM
ZU BEFASSEN, ALS MIR
DREI STUNDEN LANG GEDANKEN
DARÜBER ZU MACHEN.

Meine Anpassungsfähigkeit kann sowohl eine große Bürde als auch ein großer Vorzug sein. Wenn ich in einer verpesteten Stadt wohne und dies hinnehme, obwohl mir die Umweltverschmutzung nicht behagt, »da das Leben nun mal so ist«, passe ich mich an. Allerdings ist dies nicht zu meinem Vorteil. Aber was ist, wenn ich nicht in einer verpesteten Stadt leben möchte und mir deshalb einen Ruck gebe, andere Orte zu erkunden, wo die Luft frisch und sauber ist? Dann motiviere ich mich dazu, nach Optionen zu suchen, die es mir ermöglichen, an diesen neuen Orten zu leben. Auch hier ist die Anpassungsfähigkeit am Werk. Allerdings auf eine positive Weise.
Wenn ich nicht darauf achte, entstehen aus meiner Anpassungsfähigkeit schnell Verbindlichkeiten. Ich ak-

zeptiere Dinge, die mir nicht gefallen. Ich toleriere Umgebungen, Menschen und Realitäten, die negativ auf mich wirken. Ich nehme an, dass bestimmte Dinge »einfach so sind …«.

Doch wahrscheinlich funktioniert das Ganze wie ein Muskel. Ich bin daran gewöhnt, mich an Verpflichtungen anzupassen. Daher kommt es mir leichter vor. Wenn ich einen anderen Muskel trainiere und meine Anpassungsfähigkeit auf eine Weise einsetze, die von Vorteil für mich ist, wird mir das bald leichter fallen.

Es wird dann unangenehm sein, Negatives in meinem Leben als einzige Option zu akzeptieren, und angenehm, mich schnell an Optionen anzupassen, die positiver sind.

Es lohnt sich, diesen Muskel zu trainieren.

EIN ASPEKT DER ZUFRIEDENHEIT IST DIE BEREITSCHAFT UND FÄHIGKEIT, ANGESICHTS EINER UNGEWISSEN SITUATION RUHIG UND GESAMMELT ZU BLEIBEN. DER RAUM DER UNGEWISSHEIT ERSTRECKT SICH ZWISCHEN DEM PUNKT, AN DEM ICH MICH GERADE BEFINDE, UND DEM ZIEL, DAS ICH MÖGLICHERWEISE ERREICHE.

Mein Leben spiegelt meine eigenen Ansprüche wider. Ein fieser Chef, ein eintöniges Leben, ein wütender Partner ... sie alle sind nicht das Problem. Das Problem ist, dass ich sie toleriere. Ich habe einen bestimmten Standard gesetzt, dem sie entsprechen.

Mein Leben spiegelt überdies den Anspruch wider, dem ich *selbst mich* verpflichtet fühle.

Wenn ich freundlich, enthusiastisch und anteilnehmend sein möchte, mich aber gemein, gelangweilt und herzlos verhalte, kann ich niemand anderen dafür verantwortlich machen. Niemanden. Ich werde in dem Fall meinem eigenen Anspruch einfach nicht gerecht.

Wenn mein Leben wie eine Hülle dessen wirkt, was es sein könnte, dann habe ich vielleicht keinen Standard für mich selbst gesetzt. Oder ich missachte meine eigenen Vorgaben.

Ich habe eine Weile gebraucht, um mich in meiner Haut wohlzufühlen. Und sogar noch länger, um mich in jedem Umfeld in meiner Haut wohlzufühlen. Dabei habe ich Folgendes erkannt: Je mehr ich mir gestatte, ich selbst zu sein, desto weniger fehl am Platz fühle ich mich. Egal, wo ich bin.

WIR ALLE HABEN
EINE »STIMME«.
EINE BEGABUNG,
EIN TALENT,
EINE EINZIGARTIGKEIT,
DIE NUR UNS ZU
EIGEN IST. ICH WERDE
MEINE STIMME NUTZEN,
UM DAS LIED ZU SINGEN,
DAS IN MEINER
SEELE ERKLINGT.

Vor Kurzem habe ich einen lebensverändernden Entschluss gefasst. Ich beschloss, ein paar Worte meines Vokabulars zu ersetzen.

Ich entfernte »kann nicht« und »muss«.

»Kann nicht« ersetzte ich durch »möchte nicht«. »Muss« ersetzte ich durch »beschließe«.

Es scheint eine kleine Sache zu sein, doch hat dieser Wechsel mein Empfinden vollkommen verändert und mich in gewisser Weise gestärkt. Die Energie von Aussagen wie »Ich muss heute ins Fitnessstudio gehen« und »Ich beschließe, heute ins Fitnessstudio zu gehen« unterscheidet sich KOMPLETT. Plötzlich habe ich selbst die Kontrolle. Und nicht irgendeine andere Instanz, die mir vorschreibt, wie ich mein Leben zu führen habe.

Den Begriff »kann nicht« zu ersetzen war genauso wirksam. Fragte mich früher jemand, ob ich Lust hätte, etwas Bestimmtes zu tun, antwortete ich: »Nein, ich kann nicht«, wenn ich irgendeine andere Verpflichtung hatte. Als wäre es irgendwie unmöglich gewesen – dabei hätte ich es häufig tatsächlich gerne gemacht.

Mittlerweile antworte ich: »Nein, das möchte ich nicht.« Mit dieser Formulierung bekenne ich mich dazu, dass ich mich stattdessen für etwas anderes entscheide, dem ich eine größere Wichtigkeit beimesse als dem Vorschlag des Fragenden.

Das wurde mir so richtig bewusst, als mich eines Samstags jemand fragte, ob ich mit zum Strand kommen wolle. Früher wäre ich betrübt gewesen und hätte ihm traurig geantwortet: »Nein, ich kann nicht. Ich muss arbeiten.« Stattdessen erwiderte ich: »Nein, ich will nicht. Ich beschließe vielmehr zu arbeiten.« Das war SEHR aufschlussreich. Denn ich wäre *tatsächlich* gerne zum Strand gegangen und hätte an diesem Samstag lieber nicht gearbeitet.

Diese einfachen Veränderungen in der Wortwahl machten mir klar, dass es letztlich meine eigene Entscheidung war. Möglicherweise würde sie Konsequenzen nach sich ziehen, aber dennoch war es am Ende *meine* Entscheidung. Ich war gezwungen, mir diese Tatsache einzugestehen, und das ließ alles in einem ganz anderen Licht erscheinen.

Ich sterbe einen langsamen Tod, wenn ich jeden Tag das Gleiche mache. Für einen Abenteurer ist dies die deprimierendste aller Realitäten.

In den Momenten, in denen ich mich festgefahren fühle, muss ich mich daran erinnern, dass das nächste Abenteuer nur eine Alternative weit weg ist. Es gibt andere Türen, die nur darauf warten, geöffnet zu werden. Aber es ist an mir, durch sie zu spazieren.

Manche Orte, Menschen und Aktivitäten sind so voller Nachhall in meinem Herzen und bringen es zum Singen. Wenn das geschieht, weiß ich, dass ich genau dort bin, wo ich sein soll.

Ich bin mehr denn je davon überzeugt, dass der Zweck meines Lebens darin besteht, diese Resonanz zu finden und darin zu leben. Das erfordert großen Mut. Eine Bereitschaft, persönliche Grenzen zu verschieben, sie neu zu setzen und einen großen Sprung ins Unbekannte zu wagen. Angesichts von Hindernissen, die mich davon abhalten, ist zudem eine große Überzeugung erforderlich. Außerdem sollte ich mich an die Resonanz erinnern, wenn ich mich zu weit davon fortziehen lasse.

Hat man sie einmal erlebt, ist der Pfad zurück zur Resonanz stets vorhanden. Ein Signal, das mir den Weg zum Ziel weist, ertönt fortwährend und leitet mich an jeglichen Hindernissen vorbei, wenn ich es nur zulasse. Egal wie groß mir diese Hindernisse auch erscheinen mögen.

ICH WERDE NICHT
ZULASSEN,
DASS DIE MENGE
MEINER ERFAHRUNGEN
DIE GRÖßE MEINER
ABENTEUER ODER
DIE REICHWEITE MEINER
VORSTELLUNGSKRAFT
BEGRENZT.

MEINE AHA-MOMENTE:

MEINE AHA-MOMENTE:

MEINE AHA-MOMENTE:

MEINE AHA-MOMENTE:

MEINE AHA-MOMENTE:

MEINE AHA-MOMENTE:

MEINE AHA-MOMENTE:

MEINE AHA-MOMENTE: